Noun'ours

À Étienne et Victor.
V. C.

ISBN 979-1-0363-0327-2

Bayard Éditions, 18, rue Barbès, 92120 Montrouge, France
Texte de Valérie Cros et illustrations d'Éric Gasté.

Dépôt légal : avril 2019
Imprimé en France par Pollina - 88002 B
Loi 49-956 du 16 juillet 1949 sur les publications destinées à la jeunesse

Valérie Cros • Éric Gasté

Noun'ours

bayard jeunesse

Ce soir, sous le grand chapiteau du cirque,
Monsieur Loyal annonce :
« Attention, tremblez, petits et grands ! Voici… NOUN ! »
Le roulement du tambour s'arrête,
et un ours énorme entre sur la piste.

Soudain, un grand silence se fait
sous le chapiteau…
Au coup de fouet de son dompteur,
Noun se dresse de toute sa hauteur
sur ses pattes arrière et il pousse
un grognement féroce :
« GRRR ! GRRRRR ! ARRRGGRR ! »
Les petits spectateurs, impressionnés,
se blottissent dans les bras de leurs parents.
C'est que l'ours leur fait très peur.

Pourtant, une fois le spectacle terminé,
lorsque Noun retrouve sa cage,
de grosses larmes roulent sur son museau.
Car, en réalité, cet ours a un cœur de nounours…
« J'en ai assez de faire peur aux enfants
et d'être pris pour une bête féroce, se désole Noun. Je ne veux
plus être un monstre ! »
Et, d'un coup de sa puissante patte,
il brise la serrure de sa cage et s'enfuit…

Noun erre dans la ville.
Tout d'un coup, un paisible magasin attire son regard.
Noun s'approche. Dans la vitrine, il y a plein de nounours sagement assis qui attendent. Une lueur s'allume alors dans les beaux yeux de Noun.
Par une porte de derrière, il se faufile à l'intérieur du magasin. L'instant d'après, le gros ours s'assoit, lui aussi, dans la vitrine.

Le lendemain matin,
un papa passe devant le magasin en sifflotant.
« Quel bel ours ! s'exclame-t-il en tombant
en admiration devant Noun.
Qu'est-ce que j'aurais aimé avoir
un nounours comme ça quand j'étais petit… »,
Sans hésiter, le papa entre dans le magasin.
« Je veux le gros ours brun de la vitrine »,
dit-il à la vendeuse.

En entendant ces mots, Noun est tout excité de joie.
Cependant, il prend bien garde à ne pas bouger d'un poil!
Lorsque le papa traîne Noun jusqu'à sa camionnette, il souffle :
« Qu'il est lourd, ce nounours. On dirait un vrai! »

À son arrivée dans sa nouvelle maison,
Noun est accueilli par les cris de surprise
d'un petit garçon.
Devant l'énorme ours en peluche,
Milo bondit de joie !
« Ouaah ! Merci, mon Papa ! s'exclame-t-il.
Il est trop beau, ce nounours ! »
Puis il serre très fort Noun
dans ses petits bras.
Noun est le plus heureux des nounours !

Noun adore sa nouvelle vie de nounours.
Tous les soirs, dans son lit,
Milo l'embrasse et lui raconte ses secrets.
« Ah ! Si tu pouvais me répondre,
mon nounours que j'aime ! »
soupire parfois le petit garçon
avant de s'endormir contre sa douce fourrure.
Enfin, et seulement quand les yeux de Milo
sont bien fermés, Noun pose un baiser
sur la joue de son ami.
Puis il sort discrètement manger
dans les gamelles des chats du quartier.

Parfois cependant,
Milo n'est pas très tendre avec son ours.
Quand il a très envie de s'amuser,
hop, hop, il saute sur le ventre rebondi
de Noun en éclatant de rire.
Et, quand Milo fait de grosses colères,
il tire les oreilles de Noun.
L'ours a du mal à se retenir.
« Ah ! Si je pouvais répondre !
pense alors Noun. Je lui apprendrais,
à ce polisson, à traiter son nounours
avec respect ! »
Mais Noun ne bouge jamais
ni une griffe, ni une oreille.
Noun est un vrai nounours !

Le loupVert

Une nuit, alors que Noun
rentre de sa sortie habituelle,
il ne peut retenir un énorme éternuement :
« AAATCHOUMMMM ! »
Le bruit est si fort qu'il réveille Milo.
« Oh, non, s'affole Noun, catastrophé,
Milo va avoir peur de moi
et il ne m'aimera plus ! »
Mais, au lieu d'être effrayé,
le petit garçon, intrigué, s'approche de lui.
« Mon nounours est devenu vrai ! »
s'exclame-t-il en touchant
le museau humide de Noun.
« Mais chut ! C'est notre secret.
Papa ne doit pas savoir. »

OURS

Après cela, dès que Milo est sûr
que personne ne peut les voir,
il monte sur le dos de son ours.
Les deux amis font de longues balades
dans le parc. Parfois Milo et Noun
s'amusent à faire des farces :
« Regardez mon nounours !
Il a grimpé tout en haut de l'arbre »,
dit Milo aux passants.
Les gens ouvrent de grands yeux éberlués.
Ils disent : « Ce… Ce n'est pas possible !!! »

Mais les mois passent, puis les années, et Milo grandit. Un jour, il part se promener avec Noun dans la forêt. Soudain, une ourse s'approche. Elle s'assoit à quelques mètres et fait les yeux doux à Noun. Le gros ours a très envie de la rejoindre, mais il ne veut pas quitter son ami Milo. Le jeune garçon comprend. Il dit : « Tu sais, je suis grand maintenant, je n'ai plus besoin de nounours. Et toi, tu n'as plus besoin de petit garçon non plus. Vas-y ! »
Noun hésite, et finalement il écoute Milo et part dans les montagnes avec l'ourse.

De retour chez lui, Milo observe le ciel étoilé.
« Ces étoiles-là, c'est la Grande Ourse, se dit-il.
On dirait qu'elle me sourit… »
Et au même instant Milo entend
un grognement tout doux
qui vient des montagnes.
C'est Noun qui semble dire adieu à Milo.
« Au revoir, mon nounours… »,
murmure Milo à son tour.

Dans la collection
Les Belles HISTOIRES

Claude Prothée
Anne Wilsdorf

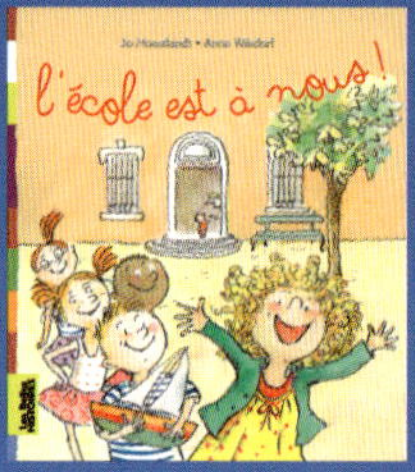

Jo Hoestlandt
Anne Wilsdorf

Kidi Bebey
Anne Wilsdorf

Xavier Gorce
Yves Calarnou

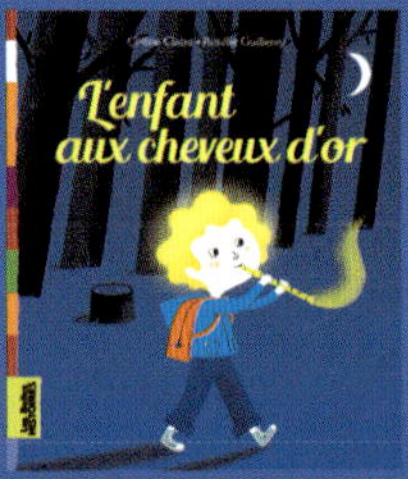

Céline Claire
Aurélie Guillerey

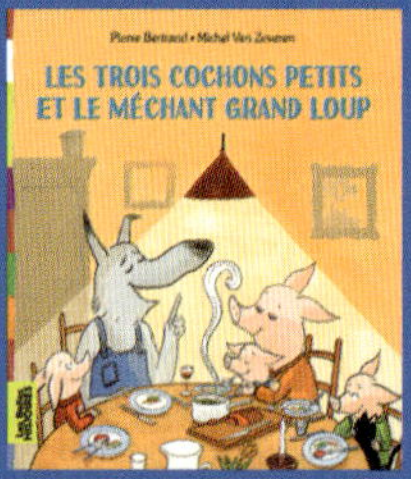

Pierre Bertrand
Michel Van Zeveren

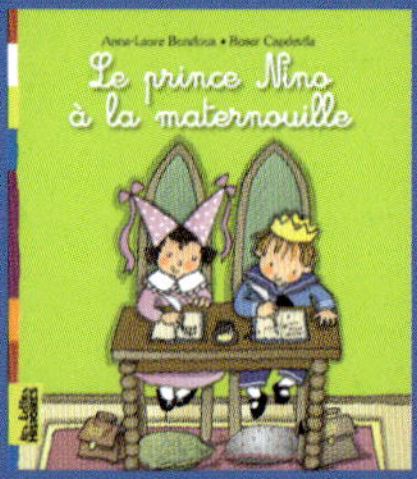

Anne-Laure Bondoux
Roser Capdevila

Agnès Bertron
Axel Scheffler

Anne-Marie Chapouton
Amélie Dufour

Jacqueline Cohen
Bernadette Després

Marie-Hélène Delval
Pierre Denieuil

Mildred Pitts Walter
Claude et Denise Millet

Marie-Hélène Delval
Marie Flusin

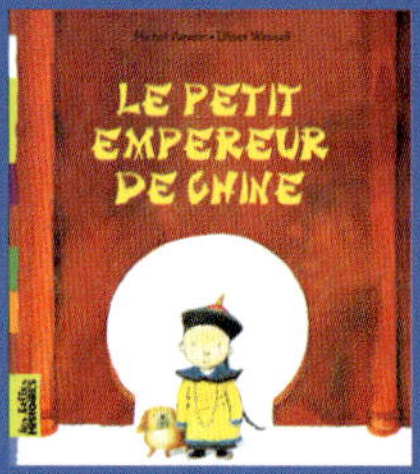

Michel Amelin
Ulises Wensell

Marie-Agnès Gaudrat
Colette Camil

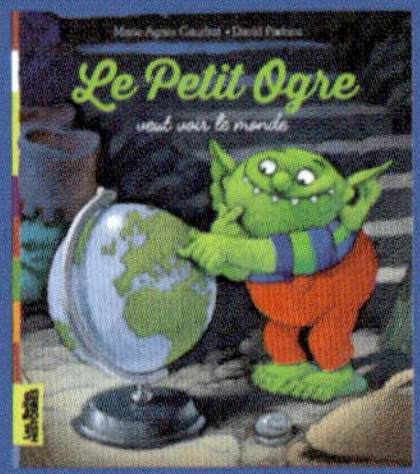

Marie-Agnès Gaudrat
David Parkins

Valérie Cros
Mélanie Allag

Thomas Scotto
Jean-François Martin

Hélène Leroy
Éric Gasté

Jo Hoestlandt
Claude et Denise Millet

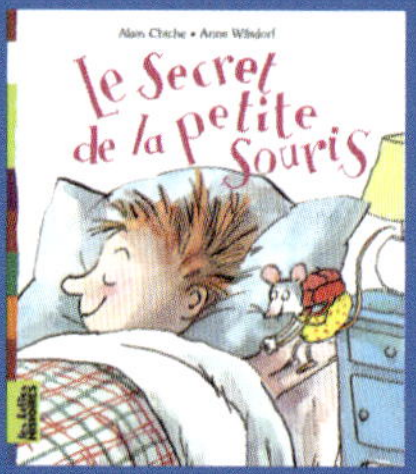

Alain Chiche
Anne Wilsdorf

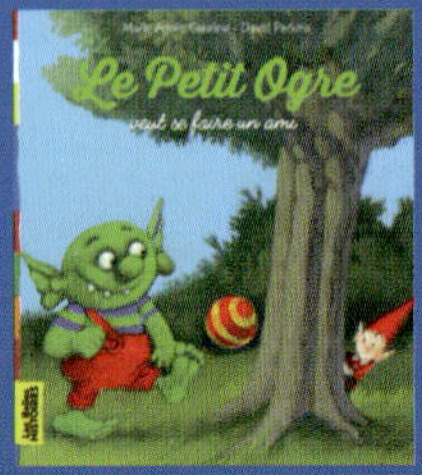

Marie-Agnès Gaudrat
David Parkins

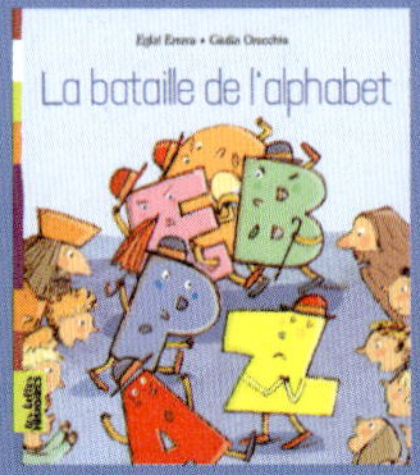

Eglal Errera
Giulia Orecchia

René Gouichoux
Éric Gasté

Marie-Agnès Gaudrat
David Parkins

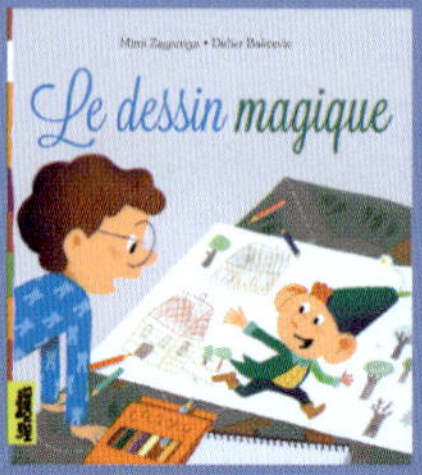

Mimi Zagarriga
Didier Balicevic

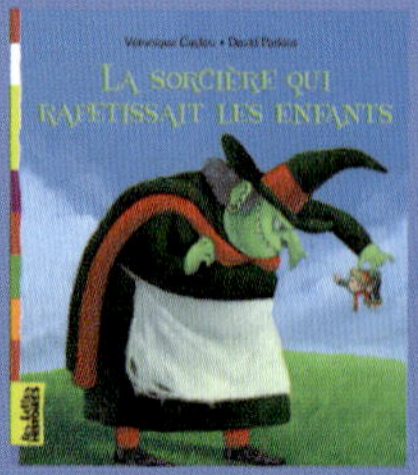

Véronique Caylou
David Parkins

Fiches pédagogiques pour ces ouvrages disponibles sur **www.bayardeducation.com** !

Anne Mirman
Éric Gasté

Anne-Marie Abitan
Ulises Wensell

Claude Prothée
Didier Balicevic

Françoise Moreau-Dubois
David Parkins

Catherine de Lasa
Carme Solé Vendrell

Rémi Courgeon

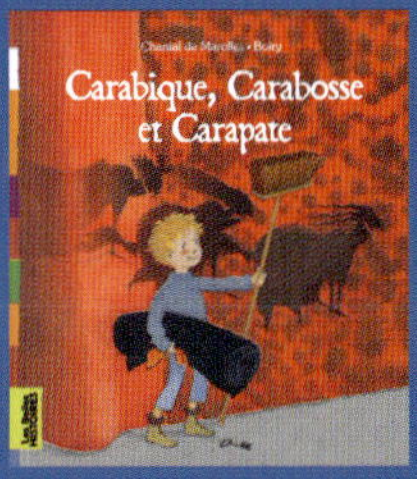

Chantal de Marolles
Boiry

Gigi Bigot
Ulises Wensell

Marie-Hélène Delval
Ulises Wensell

Marie-Hélène Delval
Ulises Wensell

Yvan Pommeaux

René Escudié
Ulises Wensell

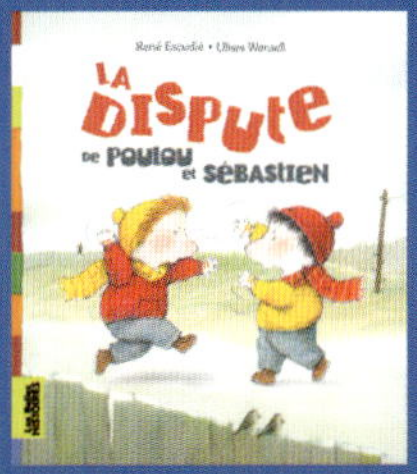

René Escudié
Ulises Wensell

Marie Bataille
Ulises Wensell

Valérie Cros
Éric Gasté

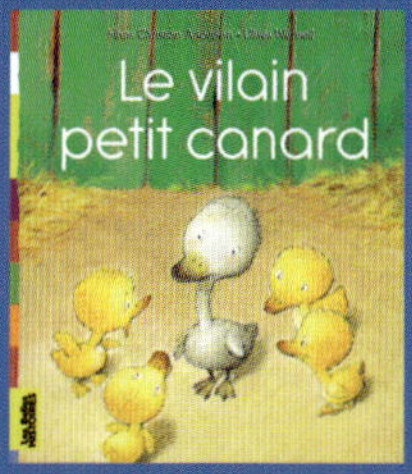

H C Andersen
Ulises Wensell

Rémi Courgeon

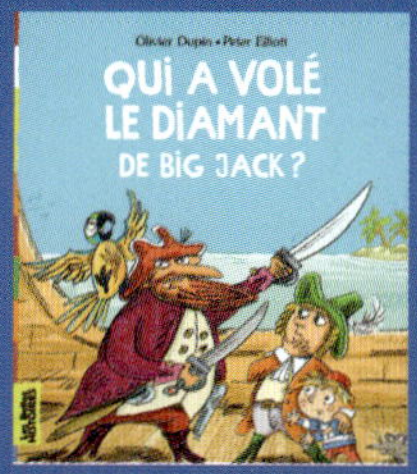

Olivier Dupin
Peter Elliot

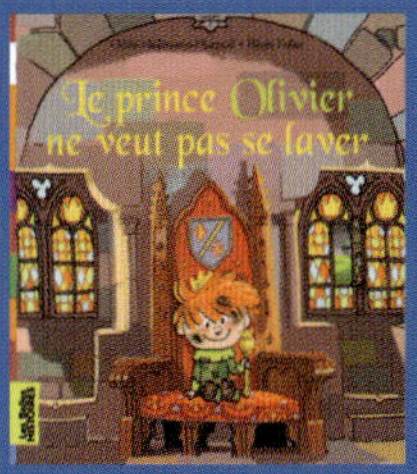

Odile Hellman-Hurpoil
Régis Faller

Claire Clément
Jean-François Martin

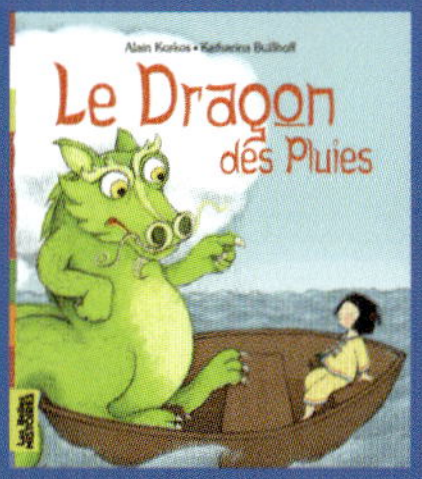

Alain Korkos
Katharina Bußhoff

Michel Van Zeveren

Marie-Hélène Delval
Ulises Wensel

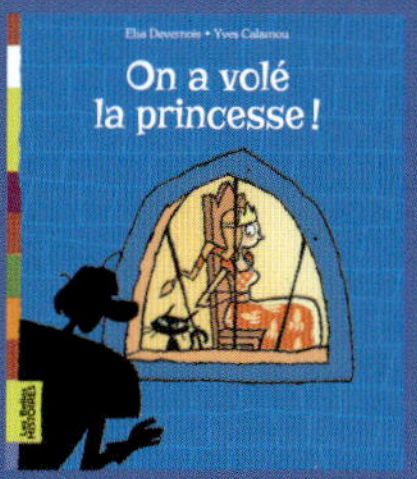

Elsa Devernois
Yves Calarnou

Valérie Cros
Ronan Badel

Céline Claire
Bridget Strevens

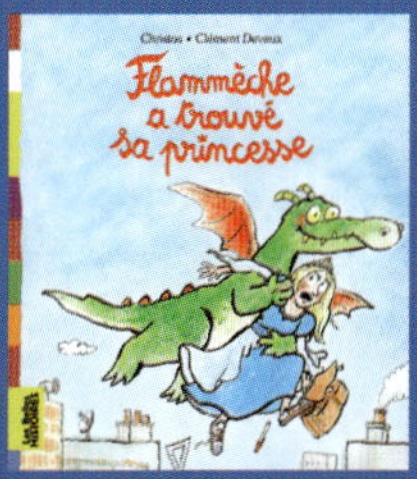

Christos
Clément Devaux

Laury Blavoet
Clément Devaux

Marie-Avril Haïm
Nathalie Desforges

Marie-Claire Rassemusse
Jason Chapman